IDÉOLOGIE D'HIER

DIEU
LA MORALE
LA PATRIE

PAR

MADELEINE PELLETIER
Docteur en Médecine

PARIS (5e)
V. GIARD & E. BRIÈRE
LIBRAIRES-ÉDITEURS
16, RUE SOUFFLOT ET 12, RUE TOULLIER

1910

IDÉOLOGIE D'HIER

DIEU, LA MORALE, LA PATRIE

IDÉOLOGIE D'HIER

DIEU
LA MORALE
LA PATRIE

PAR

MADELEINE PELLETIER

Docteur en Médecine

PARIS (5ᵉ)
V. GIARD & E. BRIÈRE
LIBRAIRES-ÉDITEURS
16, Rue Soufflot et 12, Rue Toullier

—

1910

IDÉOLOGIE D'HIER

CHAPITRE PREMIER

L'HYPOTHÈSE DIEU

Aux prétendues preuves métaphysiques de l'existence de Dieu, on a coutume d'ajouter des arguments psychologiques dont le plus important est que l'esprit humain ne peut se passer de l'idée d'un être suprême. Dans tous les traités de philosophie classique, on répète que l'homme se pose constamment le problème de l'origine des choses et que seule l'idée de Dieu, qui les a voulues telles qu'elles sont, peut donner satisfaction à notre esprit.

Il y a là une grande exagération et si, délaissant les livres pour observer les hommes, on se demande quelle place tient l'idée de Dieu dans l'esprit de tels et tels individus avec lesquels on est en rapport, on s'aperçoit bien vite que, loin de s'en tourmenter sans cesse, l'homme pense au contraire très rarement aux problèmes derniers.

Rien n'est dans l'intelligence qui n'ait été avant dans les sens, disait-on il y a trois siècles ; or, tandis que le monde matériel entre par les sens sous une forme vivante et concrète, l'idée de Dieu n'y entre que sous la forme d'un ensemble de phrases que l'on reçoit toutes faites et qui ne subissent aucun travail dans l'esprit.

Les synthèses mentales formées à l'occasion du monde matériel portent la marque d'une grande intensité de vie ; elles sont en voie d'agrégation et de désagrégation constante. L'idée de Dieu, au contraire, ne faisant pas partie de l'expérience, ne se modifie pas ; aussi reste-t-elle dans l'esprit à l'état d'une chose morte qui n'a aucune influence sur les autres agrégations psychiques.

Ajoutez à cela que l'adaptation à la vie existe pour l'esprit comme pour le corps ; comme notre corps notre esprit a été modifié au cours des âges par la lutte pour l'existence et la sélection naturelle.

Plus un individu est capable de percevoir vite les changements du milieu et d'y adapter ses états de conscience, plus il a chance de triompher de concurrents dont l'esprit se perdrait, par exemple, dans des spéculations stériles. Souvent cette orientation est telle que les choses même matérielles, mais futures ou passées n'intéressent que fort peu. Un malheur public ou personnel nous plonge dans la désolation, puis après quelque temps nous n'y pensons plus. De même l'idée qu'ils doivent mourir un jour impressionne, en général, très peu les hommes. Souvent, il est vrai, on les entend dire que la vie est courte, qu'il faudra tôt ou tard mourir ; mais ils répètent cela comme une banalité, du ton dont ils parleraient du temps qu'il fait. La réalité est que notre sentiment intime est tout imprégné du présent, présent qui, pensé seul, nous apparaît comme éternel ; aussi bien la santé et une situation prospère suffisent-elles en général à nous rendre heureux ; à la mort nous pensons peu et à Dieu presque pas.

Si nous étions métaphysicien, nous dirions volontiers que c'est la nature qui a voulu que l'homme profite ainsi de la vie sans chercher à l'attrister par l'idée de son terme ; mais point n'est besoin de faire intervenir les causes finales, le transformisme suffit à rendre compte du fait, car il est évident qu'une telle disposition d'esprit est la plus favorable à la persistance de l'individu et de l'espèce.

Le peu de tendance qu'a l'idée de Dieu à se maintenir est tel, que les prêtres doivent employer tous leurs efforts à la ranimer sans cesse dans l'esprit des fidèles. Constamment il leur faut agiter les spectres de la mort et de l'enfer, en s'appuyant autant que possible sur des malheurs récents, et malgré tout ils n'arrivent pas à impressionner les fidèles ; les évocations les plus terribles tombent dans les cerveaux comme un monotone déjà vu. En sortant de l'église chacun retourne à ses affaires et si l'on parle du sermon, c'est simplement pour en apprécier les qualités oratoires.

Il en est cependant autrement lorsqu'un grand malheur nous frappe ; lorsque nous assistons à l'agonie d'un être cher, lorsque nous nous sentons atteints gravement dans notre santé ; dans tous les cas enfin où notre l'impuissance à réagir est évidente.

Instinctivement alors, nous nous portons

vers un être qui disposerait du pouvoir qui nous manque ; nos mains enlacées se tendent vers le ciel pour prier, pour prier qui ?

II

L'humanité a toujours résolu l'hypothèse Dieu dans le sens affirmatif. Les philosophes matérialistes et les ethnographes ont, il est vrai, signalé l'existence de peuples athées, mais ces peuples étaient précisément les plus inférieurs de tous. Le sauvage qui ne croit pas, c'est l'homme à la face bestiale et dont le crâne, par ses crêtes saillantes et son maxillaire volumineux se rapproche du *pitechanthropus*. Il parcourt les forêts accompagné de sa misérable femelle ; son œil fouille les taillis, le moindre bruit lui fait dresser l'oreille. C'est qu'il s'agit de manger et de ne pas être mangé. Si un animal plus faible tombe entre ses mains, il l'assomme d'un coup de silex et il le dévore à même, comme le ferait un carnassier, le sang dégoutte de sa bouche et lorsqu'il est repu il jette les reste à sa compagne.

Le problème dernier ne se pose pas pour

lui, son esprit ne pourrait le concevoir. Lorsqu'il entend le tonnerre, il tremble et se cache dans un fourré, comme les animaux. Dans son cerveau rudimentaire, le bruit est associé à un sentiment vague de danger sans rien de plus ; l'idéation, chez lui, n'est pas assez claire pour qu'il puisse imaginer une cause, il a peur et ne cherche pas plus loin.

Le problème de la mort non plus n'est pas posé ; le cadavre de son semblable ne lui cause aucune émotion, et en sa présence le travail de son esprit se réduit à ceci : c'est un homme et un homme qui ne remue pas, il y a aussi des animaux qui ne remuent pas, et toute viande qui ne remue pas se laisse manger sans résistance. Il convient même d'ajouter que le processus idéationnel qui s'accomplit réellement doit être beaucoup plus simple encore puisque, pour le décrire, je dois me servir de mots qui comportent nécessairement des synthèses assez générales. Dans le cerveau du sauvage et du primitif, tout se réduit à quelques images.

Chez les peuples plus développés, les associations d'idées sont plus complexes et ils en arrivent à doter les phénomènes cosmiques de leur activité propre. L'homme qui entend le tonnerre se dit qu'il doit y avoir quelqu'un qui produit ce bruit, comme lui-même produit du bruit lorsqu'il entre-choque deux pierres ; c'est le principe de causalité qui commence à se faire jour. Le sauvage se dit aussi que l'être qui est capable de produire un tel fracas doit être nécessairement très puissant ; il le supplie donc de cesser de tonner et la religion naît avec la prière.

Arrivé à ce stade, l'homme est polythéiste ; la conception d'un Dieu, cause générale de tout l'univers est encore trop complexe pour lui. Ses dieux, ce sont les phénomènes naturels et il se les représente à l'image des êtres qu'il connaît, des êtres animés, des hommes, des animaux.

Au polythéisme succède le monothéisme ; à mesure des progrès de son intelligence, l'homme en arrive à concevoir l'univers comme un ensemble auquel il assigne une cause unique : Dieu. A la faveur du développement du langage, l'idéation s'éclaircit peu à peu ; le principe de causalité finit par prendre une forme nette : « Puisqu'il faut un ouvrier pour bâtir une maison, à plus forte raison a-t il fallu un créateur pour faire le ciel et la terre. » Ce Dieu, l'homme se le représente à son image, il ne peut faire autrement; car seules les choses qui ont été perçues sont nettement représentables ; c'est une sorte de monarque omnipotent, qui a créé toute chose et dont l'occupation continuelle est d'administrer l'univers. Les idées qui, au cours de longs siècles d'expérience, se sont confusément dégagées sur la morale et les faits sociaux, l'humanité arrive à en doter la divinité. Chacun se fait une conception déterminée du bien et du mal et, comme le sens critique est en général des plus faibles, il ne vient à l'esprit de personne que Dieu, sur le caractère bon ou mauvais des actions humaines, pourrait fort bien penser autrement que nous.

Dans l'esprit de chaque homme, s'élabore un système confus de passions, de désirs, d'intérêts individuels ou collectifs de notions vagues sur les droits et les devoirs de lui-même envers les autres, des autres envers lui, et ce système lui apparaît comme la seule possibilité et la seule réalité ; naïvement il est convaincu que la cause générale de l'univers le défend ; qu'elle récompense ceux qui s'y conforment et punit ceux qui ne s'y conforment pas.

Au cours de l'évolution sociale, des castes d'individus arrivent à se constituer qui dirigent dominent et aussi exploitent les autres. Comme très facilement on est tenté d'universaliser son action, comme la plupart du temps on ne sépare pas nettement la justice de son intérêt particulier, la classe dominante en arrive à décréter la moralité absolue de toute sa pratique, même de l'exploitation des faibles. Cette moralité, elle la transporte dans l'éternité pour l'attribuer à la cause suprême qui devient ainsi la sauvegarde des forts.

Bien entendu le monothéisme est rempli de contradictions ; Dieu crée les hommes, il crée leur esprit comme il crée leur corps, il sait donc par avance comment se conduira chacun et il sauve les uns, damne les autres pour s'être conformés à des organisations mentales créées dès l'origine par lui dans leur conscience. Il est satisfait qu'on le prie et qu'on se mortifie en son honneur, alors que le désir même de prier et de souffrir a dû être nécessairement suscité en nous par lui-même, puisqu'il a tout créé, les âmes et les corps.

Comme on le croit tout-puissant, l'idée de sa méchanceté n'ose pas se formuler ; cependant il a créé la souffrance et l'a répandue sur tout ce qui vit. Il a créé les herbivores qui ne peuvent vivre sans détruire les plantes, les carnassiers qui doivent nécessairement, ou mourir ou manger les herbivores, l'homme qui vit aux dépens des plantes et des animaux et il a fait de nos organes d'excellents milieux de culture pour les microbes destructeurs de la vie humaine.

Mais toutes ces contradictions, l'homme ne les voit pas, parce que la réflexion et surtout la réflexion de longue haleine lui est pénible. D'abord, tant qu'il ne s'agit que de la mort et de la douleur des autres êtres, l'homme s'en accommode facilement, qu'importe la souffrance des animaux, la destruction des plantes ; n'ont-ils pas été créés pour les seuls besoins de l'homme ? D'ailleurs ils n'ont pas d'âme, l'homme seul en a une. Pour expliquer ses propres peines l'homme se donne un peu plus de travail. Dieu nous fait souffrir, mais c'est pour nous châtier. Certains, il est vrai, ne méritent pas les malheurs qui les frappent, mais alors c'est que Dieu veut les éprouver afin de pouvoir récompenser plus tard leur énergie et leur patience. Rien de tout cela n'est logique, car l'idée de mérite est inconciliable avec celle de la prescience divine. Dieu est éternel ; il connaît le passé et l'avenir tout aussi bien que le présent ; avant même la création de tel homme, il sait dans quelles circonstances il péchera ; il crée même et les circonstances et la tournure d'esprit de l'individu qui s'y adapte, comment peut-il donc punir une action qu'il a organisée lui-même. Vraiment ne semble-t-il pas d'après ces puériles conceptions que nous soyions aux mains de Dieu comme des poupées aux mains d'un enfant capricieux ? Il nous fait penser et agir, ensuite de quoi il nous reproche pensées et actions, et nous brise pour nous en punir. Le concept de l'épreuve n'est pas meilleur, dieu voyant tout dans un éternel présent sait très bien si tel individu résistera ou succombera aux épreuves qu'il lui envoie ; comment pourrait-il tenter une expérience dont il connaîtrait d'avance les résultats ?

Cependant l'absurdité de ces idées n'est pas aperçue parce qu'il est toujours pénible de faire le recensement des conceptions pour éliminer les contradictoires. L'homme n'aime pas faire effort ; il se contente de penser au hasard, sans rien coordonner. Aussi, lorsqu'il pense à la prescience divine, il oublie le libre arbitre humain, et lorsqu'il médite sur le Dieu juge et vengeur, il oublie sa prescience. D'ailleurs, comme nous l'avons dit au début, les choses de l'Au-delà ne le préoccupent que secondairement. Matin et soir le croyant fait sa prière, machinalement parce qu'il y est habitué, et le plus souvent il prononce les mots en pensant à autre chose. Si l'homme est dans la peine il pense alors à Dieu ; mais comme ce n'est pas le moment de réfléchir il se contente de supplier celui qu'on lui a dit être tout-puissant et ne cherche pas plus.

Voici sur l'idée de Dieu l'interrogatoire d'un ouvrier illettré.

D. — Quelle idée vous faites-vous de Dieu ?

R. — C'est un homme suprême

D. — Comment vous le représentez-vous ?

R. — Je me le représente en croix ; ce sont les curés qui m'ont raconté cela, parce que j'ai fait ma première communion. Dieu c'est un bon homme, un brave homme.

D. — Alors vous y croyez ?

R. — Soi-disant qu'il existe, naturellement.

D — A quelle époque a-t-il été crucifié ?

R. — Je ne saurais vous dire quand cela s'est passé.

D. — Mais avant Jésus-Christ, existait-il un Dieu ?

R. — Je ne sais pas s'il y en avait un avant.

D. — Connaissez-vous le Père, le Fils et le Saint-Esprit ?

R. — Oui je les connais.

D. — Que fait le Père ?

R. — Le père doit travailler pour élever ses enfants ; dans mon idée il faut que tout le monde travaille.

D. — Savez-vous que le Fils est venu par l'opération du Saint-Esprit ?

R. — Oui.

D. — Comment cela a-t-il pu se faire.

R. — Je ne sais pas comment on opère, mais puisque c'est le Saint-Esprit, cela a dû se faire tout seul.

On voit combien sont vagues les conceptions qu'un individu sans culture se fait de la divinité. Les éducateurs de cet homme simple lui ont dit qu'il y a là-haut un brave homme susceptible de nous aider dans les moments difficiles ; il y croit et le prie, quant à ce qu'est au juste ce brave homme, il ne faut pas le lui demander parce qu'il ne se l'est jamais demandé lui-même.

Les gens plus instruits se font de Dieu une idée moins terre-à-terre; mais cela tient beaucoup plus à leur éducation religieuse qu'à leur travail personnel. Ils ne disent pas que Dieu est un brave homme, parce que les théologiens leur ont appris que c'est un pur esprit ; mais lorsqu'on les pousse un peu sur ce concept même de pur esprit, on s'aperçoit très vite qu'il ne recouvre que le vide dans leur intelligence.

Enfin les gens qui sont par définition le plus près de Dieu, les prêtres et les religieux, ne s'en font guère une idée plus nette. Si l'on prend la peine d'analyser un peu les prières et les chants d'église, on voit que les idées en sont bien pauvres. Comparez la monotonie des louanges adressées à Dieu : « Gloire au Père, au Fils et au Saint-Esprit ; Dieu tout-puissant, Dieu de bonté, etc., » aux idées que l'on trouverait pour louer un homme. C'est que de l'homme nous avons une représentation vivante, il forme dans notre esprit un système concret. Mais Dieu n'ayant jamais été vu par personne, force nous est de le doter tant bien que mal des qualités qui nous font louer ou craindre lorsque nous les possédons. Avoir de lui une représentation déterminée est impossible, parce que rien n'est dans l'intelligence qui n'ait été avant dans les sens.

III

Ainsi la psychologie de l'hypothèse Dieu à travers les cerveaux humains de tous les temps et de tous les pays est assez pauvre.

Pour le sauvage, Dieu est une grossière personnification du principe de causalité ; le résultat très rudimentaire des premiers efforts de logique. Pour le civilisé il est le plus souvent une idée reçue toute faite qu'il rappelle à l'occasion lorsqu'il croit en avoir besoin, mais sur laquelle, il n'a jamais réfléchi sérieusement.

Mais, si la plupart des hommes, ne s'intéressant à la spéculation que dans la mesure où elle est suivie d'un avantage matériel et immédiat, conservent très bien entre leurs systèmes psychiques les contradictions les plus manifestes, il en est cependant quelques-uns qui s'efforcent de faire l'unité dans leur esprit. Ceux-ci font, comme Descartes, la revision de leurs idées ; entre toutes les notions que les autres hommes ont déposé en eux ils établissent un choix. Ils juxtaposent, combinent et éliminent pour arriver, sinon à une vérité absolue que nous ne pouvons pas même concevoir, du moins à la systématisation la moins attaquable ; ce sont les philosophes et les métaphysiciens.

L'idée de Dieu chez le commun des hommes est, nous l'avons vu, une bien pauvre idée ; aussi nous sommes-nous comportés à son égard comme un psychologue qui observe et non comme un logicien qui discute. Mais l'hypothèse Dieu, telle que nous la trouvons chez les philosophes ne mérite pas ce dédain ; il convient donc de l'aborder et de se demander ce qu'elle vaut.

Tout d'abord il nous faut délimiter nettement la position que nous voulons garder ; l'angle sous lequel nous entendons envisager la question. Vous doutez de la valeur de l'hypothèse Dieu, diront les métaphysiciens ; mais nos hypothèses scientifiques ne sont pas meilleures. C'est à tort que les sciences veulent revendiquer la solidité et l'inattaquabilité de leurs lois. Rien n'est plus faux que de souscrire à l'opinion d'après laquelle la science s'accroîtrait toujours, tandis que la philosophie se recommencerait sans cesse. Comme les systèmes métaphysiques, les hypothèses les plus générales de la science se transforment avec le temps ; ce qui était vrai il y a un siècle ne l'est plus aujourd'hui et les théories qui nous apparaissaient comme les mieux fondées sembleront des puérilités non seulement à nos successeurs mais à nous-mêmes dans quelques années.

Dans toute élaboration nouvelle de phénomènes il nous faut en effet abandonner l'absolu pour nous en tenir au relatif dont seul nous disposons Une théorie est-elle vraie en soi, nous ne pouvons rien en savoir ; parce que l'en-soi lui-même est inconcevable. Nous n'avons à notre disposition que des états de conscience forts ou faibles, sensations ou idées et la vérité que nous ne pouvons affirmer en soi, il nous est même impossible de la fixer définitivement en nous, car nous ne pouvons jamais savoir si de nouveaux éléments ne surviendront pas.

Le seul point de vue solide est donc celui-ci : Etant donné tous les éléments que contiennent nos consciences humaines, quel est le système qui peut le mieux les unir sans contradiction. C'est donc à ce point de vue tout relatif que nous examinerons l'hypothèse Dieu ; et il nous sera facile de montrer qu'elle ne tient pas.

Parmi les preuves que les métaphysiciens prétendent donner de l'existence de Dieu, la plus importante est celle qui est tirée du principe de causalité. Rien ne peut venir de rien, tout phénomène a une cause ; le monde doit donc lui aussi avoir une cause et cette cause c'est Dieu.

A première vue l'argument semble logique et à vrai dire l'esprit de la plupart des hommes s'en contente. C'est lui que l'on oppose à

chaque instant à ceux qui se déclarent athées ; mais en réalité il n'est pas besoin d'une réflexion bien profonde pour voir que la prétendue preuve n'en est pas une. Si en effet Dieu est admis comme cause du monde, le problème est tout simplement reculé et toutes les questions qui se posaient pour le monde doivent se poser pour Dieu ; si Dieu a créé le monde, qui a créé Dieu ? Puisque notre esprit ne peut concevoir le commencement absolu de rien, il ne peut souscrire davantage au commencement absolu de Dieu qu'à celui du monde. Je sais bien que les déistes se tirent de la difficulté en admettant l'éternité de Dieu ; mais en reportant ainsi à Dieu l'infinité temporelle que les athées admettent pour le monde, ils reculent simplement le problème sans le résoudre.

Il faut ajouter en outre que l'avantage se trouve même être du côté des athées. Ceux-ci, en effet, se contentent de ce qui nous est donné, du monde, et comme ils ne peuvent en concevoir la création *ex nihilo* ils en admettent l'éternité. Aristote disait ἀνάγκη στεναι, il est nécessaire de s'arrêter ; on ne peut remonter indéfiniment la chaîne des causes ; l'athée le comprend et s'arrête au monde, tandis qu'en remontant jusqu'à Dieu le déiste a le tort d'imaginer une hypothèse gratuite, qui n'a pas même le mérite d'expliquer mieux les faits.

Au reste la conception même d'éternité est contradictoire ; l'infini dans le temps, c'est la négation même du temps ; comment se représenter ce présent derrière lequel il y avait un passé infini, un passé sans commencement et que Dieu aurait saisi pour faire commencer le monde ?

C'est qu'en réalité le temps, l'espace et le principe de causalité lui-même ne sont que des productions de notre esprit, des concepts généraux que nous avons élaborés au moyen des phénomènes. La durée, nous la formons de la succession de nos états de conscience et c'est de cette succession aussi, lorsqu'elle est constante entre deux de ces états, que naît le principe de causalité. Tout phénomène a une cause qu'est-ce à dire, sinon que notre esprit, tel qu'il est constitué, ne peut pas penser un phénomène sans un antécédent. Entre tous les faits, nous observons des liaisons inséparables ; et comme ces liaisons ont toujours été observées, nous ne pouvons pas ne pas les penser.

Ainsi notre raison avec tous ses concepts : espace, temps, causalité est tout entière fonction de nous : c'est au moyen de l'expérience, au moyen des phénomènes concrets que les lois de notre pensée se sont constituées, il ne faut donc pas donner à ces lois un caractère absolu qui leur manque totalement. Dès qu'on veut les faire sortir du terre-à-terre des phénomènes, pour tenter d'expliquer par leur moyen la totalité de ce qui est, on tombe dans les contradictoires sans aboutir à rien.

La preuve de l'existence de Dieu par les causes finales n'est pas meilleure que la preuve par les causes efficientes.

Le finaliste s'émerveille des harmonies de la nature ; il constate que les antécédents sont organisés au mieux pour la production des conséquents, que la graine renferme toutes les possibilités de la plante, que les organes humains sont adoptés à la vie. Devant tant de régularité, il lui semble ne pouvoir que conclure à l'existence d'un être supérieur qui a voulu le plan des choses.

Certes, si la finalité était démontrable, l'existence d'une volonté supra-phénoménale aurait quelques probabilités ; il n'est guère concevable, en effet, que la fin, c'est-à-dire ce qui n'est pas encore puisse conditionner ce qui est ; ce qui n'est pas ne peut pas être cause. Mais c'est précisément la réalité même de la finalité qui reste à démontrer. Que constatons-nous ? Des successions, des phénomènes bien coordonnés entre eux, pas autre chose et nous n'avons aucune raison de placer je ne sais quelle volonté de l'ensemble dans le phénomène terminal, plutôt que dans le phénomène initial. En réalité, il n'est pas nécessaire d'inférer une volonté quelconque ; les phénomènes se succèdent, voilà tout et si les êtres animés actuels sont assez bien adaptés à la vie et résistent suffisamment aux causes de destruction, cela tient à ce que seuls ont persisté qui en étaient capables.

L'animal n'est pas bien organisé en vue de la vie, mais il vit parce qu'il est bien organisé. Entre tous les êtres qui se sont constitués aux dépens du monde inorganique, le plus grand nombre ne présentaient pas l'organisation adéquate, ils sont disparus, et seuls sont restés ceux qui la présentaient. L'adaptation ne doit jamais nous étonner, car elle est la condition indispensable de l'existence ; du fait qu'un être se maintient c'est que nécessairement il est adapté à l'ensemble ; dès que cette adaptation cesse, l'être cesse d'exister.

Toute la pathologie, d'ailleurs, est là pour

nous montrer la fragilité des adaptations et les défauts criants de la prétendue harmonie finaliste. Le corps humain est, dit-on, une machine admirable, mais c'est une machine qui ne fonctionne jamais parfaitement, et lorsqu'on parcourt les galeries d'un musée de pathologie, on cesse très vite d'admirer les perfections de l'organisme humain. Les tumeurs d'énorme volume, les lésions du cancer, de la tuberculose sont là pour nous montrer que si, vraiment, il existe une finalité, elle est bien plutôt pour les microbes que pour l'homme.

Outre les preuves mécanistes qu'ils prétendent apporter à l'existence de Dieu, les métaphysiciens veulent également prouver Dieu par la morale. Nous tendons au bonheur, disent-ils, et ce bonheur est presque toujours en contradiction avec le devoir ; comment, dans ces conditions, pourrions-nous nous décider au devoir, si Dieu n'avait mis la loi du devoir en nous ?

L'argument est des plus superficiels. D'abord il est faux que le bonheur soit *toujours* en contradiction avec le devoir ; parfois, au contraire, il s'harmonise avec lui.

Il est faux également que nous nous décidions toujours au devoir ; l'existence même du mal le démontre. D'ailleurs la notion du devoir, bien loin d'être un absolu comme le croient les spiritualistes, est une notion dérivée, humaine et sociale. C'est des devoirs concrets particuliers qu'est sortie peu à peu l'idée du devoir en général. Elle est née au sein des sociétés et résulte des rapports qu'ont forcément entre eux les hommes.

Prendre ainsi un concept essentiellement dérivé, négliger d'en rechercher l'origine et s'en servir comme d'un fait dernier nécessitant l'explication par Dieu, est le marque d'une partialité manifeste. Les métaphysiciens déistes n'ont pas tenté loyalement une explication des choses ; ils ont d'abord postulé Dieu et se sont servis de tout ce qui pouvait étayer leur hypothèse.

Ainsi l'hypothèse Dieu n'explique pas l'univers ; puisque, comme nous l'avons montré, elle ne fait que reculer le problème. De plus c'est une hypothèse purement gratuite puisque sa démonstration est impossible. Enfin c'est une hypothèse impensable et lorsque nous réfléchissons sur les prétendus attributs de Dieu : infinité, éternité, perfections, nous voyons que ces attributs ne sont que d'impensables contradictoires, des négations d'idées.

Observer des phénomènes, en tirer des lois

toujours relatives, toujours en fonction de notre esprit ; c'est tout ce que nous saurions faire : quant à l'origine et à la fin des choses, nous ne pouvons rien en savoir.

C'est à dessein que j'ai passé sous silence l'argument du consentement unanime des hommes à l'existence de Dieu. L'histoire de la pensée humaine, à quelque objet qu'elle se soit appliquée n'est que l'histoire de l'erreur. Nous avons vu à quels non-sens, à quelles contradictions aboutissent les intelligences d'élite, les philosophes, lorsqu'ils veulent essayer de sortir du relatif donné par l'expérience. Que penser *a fortiori* du raisonnement simpliste de l'homme ordinaire qui est incapable même de comprendre des lois physiques beaucoup plus simples. L'hypothèse Dieu, nous avons vu ce qu'elle valait à travers la pauvre psychologie du sauvage, de l'ignorant, du lettré, à travers l'évolution humaine. C'est une idée fallote où l'homme met son désir d'explication, ses espérances, ses craintes, ses amours, ses haines, ses intérêts, toute la misère de son esprit qu'il transporte là-haut ; comment forcer l'homme qui réfléchit à s'incliner devant elle ? L'hypothèse Dieu ne vaut pas mieux que les autres hypothèses ; l'homme s'est trompé sur les causes de la pluie et du vent, sur la naissance, la maladie, la mort ; il se trompe toujours. Tant que les phénomènes sont relativement simples, il peut arriver à des explications de quelque stabilité ; mais le problème du monde est le plus complexe de tous et il défiera probablement à jamais l'intelligence humaine.

Faut-il du moins admettre l'hypothèse Dieu comme une consolation. Nous sommes faibles, nous sommes soumis à des lois terribles : faut-il, pour les oublier, nous endormir dans l'illusion ? Mais le voudrions-nous, nous ne le pourrions pas. Dès que nous réfléchissons un peu nous voyons que l'hypothèse Dieu est sortie tout entière du cerveau humain, qu'elle est indémontrable et il nous devient impossible d'y croire. La réalité est terrible, mais que faire ; elle est la réalité.

CHAPITRE II

LA MORALE ET LA LUTTE POUR L'EXISTENCE

I

La contradiction flagrante que présentent entre elles la morale et la lutte pour la vie a été entrevue, on peut le dire, dès que Darwin eut montré l'importance de la lutte pour la vie dans le déterminisme des espèces. Il est en effet impossible de se la dissimuler ; la morale dit à l'homme : « Aime ton prochain comme et même plus que toi-même, aide-le de tout ton pouvoir ; au besoin donne ta vie pour sauver la sienne » ; et la loi de Darwin lui commande de ne pas hésiter à dominer, à exploiter, à faire souffrir, voire même à tuer son prochain, lorsque de la mort de celui-ci doit résulter la sauvegarde ou l'amplification de sa vie propre.

Cependant si la contradiction a été vue, on

peut dire que bien rarement elle a été envisagée en face, avec tout le sang-froid qu'exige une question scientifique ; il semble que l'on ait eu peur de se trouver, en dernière analyse, face à face avec une vérité épouvantable dont la divulgation doive entraîner après elle la ruine de toute civilisation. Presque toujours les auteurs qui se sont occupés du problème l'ont envisagé non avec leur raison, mais à travers leurs sentiments les plus profonds.

Les égoïstes et les cruels, ceux qui par nature ne souffrent pas de la souffrance d'autrui, se sont déclarés pour le struggle for life et l'ont invoqué pour justifier ce que leur conduite avait de contraire à la morale généralement admise. Les altruistes, au contraire, se sont nettement déclarés les adversaires de la loi de Darwin et lorsque des vérifications universelles les ont forcés de reconnaître sa réalité, ils se sont tirés de la difficulté en disant que si cette loi vaut seulement pour les animaux, l'homme lui, être supérieur, est régi par les lois morales.

Pour bien des gens l'existence dans les profondeurs de l'inconscient des bases de la morale constitue précisément une preuve irréfutable de la solidarité de ces bases ; mais en réalité la preuve n'en est pas une. Le fait d'avoir en soi des tendances altruistes n'implique en rien qu'il faille leur obéir. On peut très bien au contraire les combattre et leur résister, lorsqu'elles poussent à des actes contraires à l'intérêt. Dans les cas où l'individu leur résiste, son esprit devient le théâtre d'une lutte entre deux ordres de phénomènes ; l'inconscient qui est pour l'altruisme et le conscient qui est pour l'égoïsme ; or il n'y a aucune raison pour que l'inconscient vaille plus que le conscient ou vice versa.

Ainsi l'innéité des penchants altruistes n'accroît en aucune façon leur caractère obligatoire ; d'ailleurs il faut dire que très rarement les partisans de la morale altruiste font appel à la bonté naturelle ; d'ordinaire ce sont bien plutôt les partisans de la morale de l'intérêt ou en d'autres termes de la lutte pour la vie qui font valoir les tendances altruistes afin de tempérer ce qu'ils sentent confusément que leur morale a d'opposé à la société. Quant aux partisans de la morale altruiste, ils se défient des bons penchants ; sachant bien qu'ils n'existent pas chez tout le monde, ils craignent, en édifiant sur eux leur morale, de laisser sans direction le très grand nombre des gens qui ne les possèdent pas ; c'est pourquoi ils se recommandent bien plutôt de la raison afin de créer, indépendamment des tendances naturelles, des obligations morales de tenir compte des autres.

II

Le problème étant ainsi exposé, considérons un individu adulte, qui, ayant fait à l'égard de la morale la table rase que Descartes fit dans son esprit à l'égard de la philosophie rechercherait une idée directrice pour la conduite de sa vie, et se demanderait laquelle de ces deux lois : loi morale ou loi de Darwin doit diriger ses actes ; en d'autres termes, s'il doit prendre pour fin autrui ou bien lui-même.

On pourrait m'objecter, je ne l'ignore pas, qu'une pareille table rase est impossible. La chimère du libre arbitre étant laissée de côté, force est bien d'admettre, dira t-on, que l'ensemble des tendances, des sentiments et des idées qui nous constituent a une cause ; or cette cause étant précisément l'hérédité et la société, il nous est impossible de nous en abstraire.

L'objection serait d'ailleurs des plus fondées, et il est certain que l'individu que nous prenons pour exemple, malgré ses efforts pour éliminer toute morale reçue ne manquera pas, quelle que soit la ligne de conduite que la raison lui aura prescrite, d'agir et très souvent d'après ses sentiments et d'être, selon le cas, égoïste ou altruiste non en vertu de la morale qu'il se sera faite un beau jour, mais par la force très grande des ancêtres et du milieu.

Mais ces défaillances étant reconnues inévitables, il n'en est pas moins vrai que nous pouvons très bien concevoir un homme, recherchant dans le silence du cabinet l'orientation qu'il devra donner à ses actes. Certes, bien souvent, comme nous l'avons dit, il manquera à la règle qu'il se sera prescrite ; cependant la détermination qu'il aura prise en ce grand jour aura certainement sur l'ensemble de sa conduite une influence considérable. Si dans les moments de faiblesse il se laisse aller à obéir aux voix obscures des ancêtres et des contemporains ; dans tous ses meilleurs moments, chaque fois que son activité mentale donnera le maximum de l'énergie dont elle est susceptible, il se conduira d'après les données rigoureuses de l'analyse.

Ainsi la table rase étant faite, toutes les « valeurs » comme disait Nietzsche étant provisoirement annulées, considérons d'abord les morales altruistes et demandons-nous si l'obligation qu'elles nous font de mettre notre fin en autrui répond à quelque fondement.

Tout d'abord il nous faut éliminer la morale religieuse, car si elle est altruiste dans l'humanité, elle n'en est pas moins, considérée dans l'éternité, une morale égoïste ; et nous savons que seule l'éternité vaut pour elle. Pour se conformer à sa religion, le chrétien doit, non seulement tenir compte des autres, mais se sacrifier aux autres ; seulement ce sacrifice a son unique raison dans la volonté divine et dans la considération des récompenses ou des châtiments que Dieu, puissance infinie, doit lui dispenser à l'heure de la mort. Certains ont conclu de l'intervention de ces sanctions extra-terrestres à l'infériorité, à l'immoralité même de la morale religieuse ; mais c'est seulement parce qu'ils la jugeaient non d'après une raison libre, mais au travers des « valeurs sociales ». En réalité la morale religieuse n'est ni élevée, ni basse ; elle est simplement une morale de l'intérêt. Et j'ose ajouter qu'elle en a toute la solidité. Si en effet Dieu et la vie future étaient des réalités démontrées; si de plus il était également prouvé que Dieu ait prescrit aux hommes une ligne de conduite nettement définie, il n'est pas douteux que la raison nous commanderait de la façon la plus impérieuse de suivre cette ligne de conduite. Le Christianisme répète sur tous les tons que le temps de notre vie si long soit-il, n'est rien en comparaison de l'éternité et pour la masse de l'humanité qui ne réfléchit pas, cette idée est devenue une banalité devant laquelle elle ne s'arrête pas. En réalité, la prétendue banalité est une vérité profonde et terrible; et lorsque l'on constate la fragilité de notre existence, les mille dangers qui nous menacent de toute part et auxquels à chaque instant succombe un très grand nombre d'entre nous ; on en conclut que si la vie future était prouvée, très certainement il faudrait lui sacrifier celle-ci. Mais la fragilité de la morale religieuse vient précisément de ce qu'elle s'appuie sur des existences que rien ne démontre et que tout ce que nous observons tend au contraire à infirmer. L'obligation de la morale religieuse est très solidement appuyée sur ses bases extra-terrestres, seulement le caractère illusoire de ces bases est à peu près certain; d'où l'écroulement nécessaire du système.

Contrairement au christianisme qui prétend donner en la religion un appui à la morale, le kantisme et tous les systèmes de morale qui en sont dérivés prétendent que la morale est *a priori* et peut par suite se passer de tout appui.

L'obligation est en nous et nous devons lui obéir sans rechercher ses titres : « Devoir... d'où tires tu ton origine ! » Mais que répondra le kantiste à celui qui refusera de souscrire à la prétendue obligation ? Comment le contraindra-t-il à faire son devoir, par les seuls moyens moraux ? et s'il ne peut l'y contraindre que devient alors cette obligation qui n'oblige pas ? Certes, on ne peut nier que l'obligation morale des kantistes ne corresponde à quelque chose de réel, et dans la délibération qui précède nos décisions le sentiment du devoir intervient incontestablement pour une certaine part ; il est vrai aussi que ce sentiment nous est donné tel quel sans explication : « ceci est bien... ceci est mal », mais de ce que l'origine du sentiment du devoir ne nous est pas donnée lorsque nous en prenons conscience, s'ensuit-il que cette origine n'existe pas et que le devoir soit « tombé du ciel », comme l'a dit ironiquement M. Fouillé ; évidemment non. L'origine du sentiment du devoir, il faut la chercher peut-être un peu dans l'hérédité, mais surtout dans l'éducation que la famille et le milieu social nous dispensent. Le mécanisme psychologique de l'établissement des croyances est pour la morale ce qu'il est pour tous autres phénomènes ; on enseigne à l'enfant qu'il est mal de voler et à force de répétitions l'enfant en arrive à le croire, sans plus du reste en demander la raison que ses parents ne se l'étaient demandée eux-mêmes.

Plus tard l'enfant, comme ses parents, ressentira du mépris pour les voleurs et à l'idée d'un vol à commettre une énergique inhibition toute morale le retiendra ; il aura le sentiment du devoir. A mon avis, l'obligation morale ne peut mieux être comparée qu'au phénomène de la suggestion post-hypnotique ; on suggère à un sujet hypnotisé de faire le lendemain à une heure déterminée tel acte bizarre, et aussitôt le temps écoulé le sujet se sent « obligé » d'accomplir l'acte en question. Si on lui demande ses raisons, il répond qu'il n'en a pas, mais que l'acte doit absolument être accompli.

En réalité, la morale de Kant et toutes les morales du devoir qui en dérivent ne sont que des valeurs arbitraires que rien, absolument rien, ne nous force à prendre en considération. La prétendue « obligation morale n'oblige pas, parce que, en dehors de la contrainte physique, le mot obligation n'a pas de sens ».

La fragilité de la morale du devoir est bien sentie à l'heure actuelle par les philosophes, c'est pourquoi abandonnant le kantisme tend-on de plus en plus à chercher dans la sociologie les bases de la morale.

Kant et ses disciples avaient fait des devoirs *a priori* dont la remise en question était interdite, mais devant les progrès de la sociologie, force a été de se résigner à admettre la relativité des prétendus devoirs et leur origine toute sociale. Avec les sociologues, la morale est donc descendue du ciel sur la terre, de la divinité et de l'Absolu, à l'humanité et au relatif ; mais un des côtés curieux de cette évolution c'est qu'elle y est descendue comme à regret.

En même temps qu'ils constataient à mesure de l'évolution des groupes humains la naissance et l'évolution des morales, les sociologues avaient comme une crainte vague de la vérité qui s'offrait à eux : ils craignaient qu'en enlevant à la morale son caractère extra-phénoménal, ils n'aboutissent en même temps à la priver de toute autorité, entraînant de ce fait la désorganisation sociale.

Ces craintes, au reste, ils n'ont jamais tenté d'en élucider le fondement, ils les entrevoyaient seulement, ces prétendus dangers, avec la demi-lucidité dont le plus souvent on se contente ; aussi au lieu d'aller plus loin, ont-ils au contraire porté tout leur effort à doter la morale sociologique de l'autorité qui lui manquait. Eh bien oui, ont-ils dit, la morale ne vient pas de Dieu ; Dieu n'est pas démontré ; elle n'est pas non plus une immanence de l'esprit humain, elle est œuvre humaine ; ce sont les hommes qui l'ont élaborée et elle évolue avec eux ; seulement ne vous croyez pas pour cela dispensés de lui obéir. Il y a quelque chose de plus grand que chacun de nous, c'est la Société dont nous faisons partie. Nous ne sommes que les cellules sociales et une cellule ne peut, sans périr, s'abstraire de l'organisme dont elle est un élément. La Société est divine ; c'est par elle maintenant qu'il vous faut remplacer les dieux disparus et les préceptes qu'elle édicte doivent vous être tout aussi sacrés que les préceptes divins l'étaient aux croyants au temps où la science n'avait pas encore banni la foi.

Et les sociologues auxquels nous faisons allusion insistent sur l'action du milieu, sur l'hérédité des sentiments et des tendances, et toujours poussés par la nécessité confusément sentie d'accroître l'autorité de la morale sociale, ils s'efforcent de persuader aux hommes que de par leur organisation somatique et mentale il leur est impossible de la transgresser.

En réalité, l'autorité conférée ainsi à la morale sociologique est toute artificielle, toute factice ; la prétendue divinité de la Société n'a que la valeur d'un mot.

La Société n'est que l'ensemble des hommes et il n'y a aucune raison pour que les affirmations des groupes obligent les individus.

Au reste, on peut dire même que les affirmations des groupes sont inférieures à celles des individualités, car elles ne sont que l'expression de l'opinion du plus grand nombre, c'est-à-dire de la partie la moins intelligente. Cependant, je n'insiste pas sur cette idée qui comporterait bien des développements, par la raison que la question n'est pas là ; le néant de l'obligation sociologique tient à ce que l'autorité sociale ne peut jamais être qu'une « valeur arbitraire », à laquelle on pourra toujours ne pas souscrire. Si l'obligation sociale était une réalité, elle devrait être capable de convaincre, d'agir d'une façon altruiste un individu qui jusque-là était bien déterminé à n'adopter comme ligne de conduite que l'égoïsme.

Or, pas plus que les autres, la morale sociale n'arrive à cela et l'individu pourra contester la divinité de la société, avec autant de bien fondé qu'il en avait à contester le devoir tombé du ciel de Kant.

Il est vrai que les partisans de la valeur obligatoire de la morale sociale renforcent la prétendue obligation par une contrainte psychique. Ce n'est pas vous, dit-elle, qui avez élaboré votre propre esprit, ce sont les ancêtres par l'hérédité et les contemporains par le milieu ; ainsi donc vous ne pourrez transgresser les lois morales parce que avec votre volonté qui, comme vous le savez, est déterminée, vous voudrez ces lois.

Mais si les lois morales étaient imprimées en nous par la Société aussi fortement qu'ils le disent, les sociologues n'éprouveraient pas un besoin aussi grand de renforcer leur autorité ; l'homme s'y conformerait instinctivement, il serait moral comme le chat est carnivore et se dévouerait aux autres avec toute la spontanéité d'une poule qui couve ses œufs.

L'observation nous montre au contraire

que la loi morale est transgressée à chaque instant ; l'obligation psychique n'existe donc pas ou plutôt elle n'a pas la force qu'on en veut bien dire. Certes, les ancêtres et le milieu ont créé en nous des sentiments, seulement ces sentiments n'ont jamais que la valeur d'éléments psychiques, de mobiles qui peuvent toujours être contre balancés et annihilés par les mobiles contraires, par exemple, un intérêt puissant.

Tous les sociologues cependant ne font pas reposer l'obligation sur l'autorité de la Société ; pour beaucoup la démonstration scientifique de la morale suffira à la rendre obligatoire sans qu'il soit besoin d'invoquer ni son autorité, ni son innéité. De même, pensent-ils, que nous nous inclinons devant les vérités de la géométrie, que nous nous conformons aux lois de l'hygiène, nous serons moraux.

Dès que l'observation rigoureuse des hommes et des peuples nous permettra de déterminer quelles lignes de conduite sont conformes à la bonne harmonie et au progrès de la société, très raisonnablement nous adopterons ces lignes de conduite.

Pas plus encore que les autres cette obligation ne vaut ; car la grosse objection dont elle est passible est la contradiction qui existe très souvent entre l'intérêt individuel et l'intérêt social. Certes, si, par exemple, un habitant de Mars venait donner des lois à la Terre, il est très probable qu'il ferait tous ses efforts pour appliquer à ces lois les données les plus rigoureuses de la science et faire qu'elles soient les plus propres à assurer le plus grand bonheur du plus grand nombre et le progrès de l'ensemble.

Mais les lois sont faites par des habitants de la Terre et le bénéfice que chacun peut tirer d'une amélioration sociale est en général presque inexistant en comparaison des avantages qu'il peut se procurer en perdant la Société. Le maire d'un village par exemple, peut avoir un intérêt très appréciable à ce que la route, dont il doit faire voter le tracé, relie le plus directement possible son village à une ville importante ; cependant, combien minime sera son dommage en proportion de l'avantage qui lui adviendra s'il peut persuader le conseil municipal de faire passer la route au travers de sa propriété. Que sera le petit inconvénient du détour à faire en comparaison de l'indemnité à toucher ? Et dans la conduite de la vie ordinaire, quand il ne s'agit plus de légiférer, mais simplement d'orienter son action propre, l'antagonisme de l'intérêt individuel et de l'intérêt général éclate bien plus souvent encore ; et que seront jamais dans le déterminisme des actes de chacun les données les mieux établies de la morale sociologique en comparaison d'un avantage immédiat.

A l'heure actuelle, il est très certainement des philosophes qui ne croient plus à l'obligation morale ; souvent même ils avouent assez volontiers leur incroyance, mais chose intéressante et qui prouve combien l'unification intellectuelle et la réflexion prolongée pour la critique des idées sont rares chez les hommes, ils continuent à admettre des éléments ce qu'ils nient de l'ensemble. Ainsi tel qui aura un jour proclamé que la morale est une chimère, ne manquera pas d'affirmer dans une autre occasion que telle action est honorable et telle autre déshonorante, et de très bonne foi ils continuent à louer l'acte qu'ils classent dans la première catégorie ; tandis qu'ils blâment celui qui, à ses yeux, doit être rangé dans la seconde. Souvent, d'ailleurs, il faut dire que les idées générales sur la morale n'ont pas chez les gens auxquels nous faisons allusion des racines bien profondes ; parfois ils les formulent pour le simple plaisir de fronder un peu l'opinion de la foule, ou bien parce que, à la lecture d'un partisan de la morale du devoir, il a vaguement senti la faiblesse de ses arguments ; mais, en général, je le répète, les hommes ne réfléchissent que peu de temps ; les idées leur apparaissent puis disparaissent tout de suite pour céder la place à d'autres d'ordre différent et qui presque toujours se rattachent à la vie ordinaire; aussi, à l'occasion, leurs opinions défavorables à l'obligation morale pourront-elles être extériorisées à nouveau ; mais jamais elles n'acquerront assez de force pour s'imposer à la totalité de l'esprit, de manière à modifier les autres idées. Aussi le frondeur d'un instant redevient-il vite le crédule et les valeurs sociales continuent à valoir pour lui.

Quant aux actions, elles varieront selon les circonstances, selon l'éducation reçue, et les tendances congénitales. Souvent on se conduira d'après ce qu'on aura appris à considérer, comme l'honnêteté, le devoir, l'honneur, ou plus souvent et notamment lorsque l'intérêt sera puissant et les risques faibles ; on sacrifiera les valeurs sociales à son avantage propre, tout en s'efforçant de démontrer aux autres, parfois à soi-même, que cet intérêt se confondait avec le devoir.

III

Ainsi, malgré ses efforts, l'homme que nous avons pris pour exemple et qui dans le silence du cabinet recherche quelle orientation il doit donner à sa conduite, ne peut souscrire aux morales altruistes. Dieu n'existe pas, le devoir est indémontrable et la Société n'a aucune qualité pour convaincre l'individu d'accepter volontairement ses valeurs ; lui faudra-t-il donc se résoudre à abandonner ses morales et devra-t-il, conformément à la loi de Darwin, se prendre pour fin sans tenir compte des autres ?

Il est d'abord intéressant de constater que la plupart des partisans de la lutte pour la vie ont cru devoir faire tous leurs efforts pour mettre leur morale égoïste en accord avec les (valeurs sociales). Cela tient à ce que, très souvent, ainsi que je l'ai dit au début de cet article, les défenseurs du struggle for life ont été des gens portés vers lui bien plutôt par égoïsme congénital que par la réflexion.

Or, être égoïste n'empêche pas d'ajouter foi aux valeurs enseignées par le milieu ; l'homme égoïste et dur peut fort bien partager, en ce qui concerne le devoir, les idées de tout le monde; souvent à vrai dire, il n'a guère de ce devoir qu'une conception toute intellectuelle et lorsqu'il est gêné par lui, il s'arrange pour l'éliminer aussi discrètement que possible.

Mais toute superficielle que soit sa croyance, elle n'en existe pas moins ; c'est pourquoi, lorsqu'il s'agit de faire partager aux autres les principes directeurs de la conduite vers laquelle ses tendances le portent, tout naturellement il s'efforce de mettre ses principes en accord avec les idées généralement admises.

C'est ainsi que pour légitimer la loi de Darwin on invoque sa généralité.

Elle régit tous les êtres animés, donc elle doit régir l'homme ; c'est une loi naturelle, on doit donc s'y conformer. Le triomphe des forts et l'anéantissement des faibles assure seul le progrès de l'espèce ; en protégeant les faibles on leur permettrait de se reproduire et ils conduiraient la race vers un amoindrissement croissant.

Malgré leur apparence scientifique, ces arguments ne sont pas supérieurs à ceux dont les partisans de la morale altruiste se servent pour démontrer le devoir, ils sont de même ordre et se réduisent comme eux à des valeurs arbitraires. De ce que la loi du triom-

phe de la force régit tous les êtres animés, il
ne s'ensuit nullement que l'homme doive lui
obéir, et en analysant un peu on voit que
ceux qui proposent un pareil argument ne
sont pas encore affranchis du vieux dualisme
et sous-entendent consciemment ou non que
la volonté est distincte de l'ensemble des phénomènes. La loi de Darwin qui régit les animaux s'applique à leur volonté tout comme
à leurs actes ; l'animal qui s'attaque à une
proie veut nécessairement la dévorer ; or, si
l'homme fort dans certains cas se refuse à
écraser le faible, ce refus fait partie comme
tout le reste de l'ensemble des phénomènes,
d'où la conclusion que la loi de Darwin pouvant parfois être transgressée n'est pas universelle.

L'injonction d'obéir aux lois de la nature
est un non-sens, ou plutôt comme je viens
de le dire un reste de la théorie dualiste ; forcément l'individu obéit toujours aux lois de
la nature, c'est-à-dire aux lois de l'ensemble
des choses puisque ses actes, ses volitions et
les motifs qui les déterminent font partie de
cet ensemble des choses. Si les lois de la nature étaient telles que les partisans de la morale égoïste le disent, les individus s'y conformeraient d'eux-mêmes et point ne serait

besoin de le leur conseiller ; s'ils ne s'y conforment pas, c'est précisément que les lois de la nature ne sont pas ce que certains s'imaginent, ou plutôt que les mêmes lois ne régissent pas tous les hommes.

Enfin le progrès de l'espèce ne peut pas plus que le bonheur social constituer une obligation pour l'individu ; qu'importe à l'homme périssable les générations futures ; au point de vue intellectuel le progrès de l'humanité est certes souhaitable ; mais sur quoi s'appuiera-t-on pour amener l'individu à se conduire selon ce progrès, alors que son désir le porte ailleurs.

Au reste, chercher à justifier la morale du struggle for life ne peut être qu'un non-sens, puisque le fait même de lui trouver une justification impliquerait la possibilité d'une pierre de touche, d'un étalon moral auquel on puisse la comparer, et nous avons vu que nécessairement le concept de valeur morale étant dénué de fondement, cette pierre de touche ne peut exister.

IV

La conviction du néant de toutes les valeurs ne laisse pas que de procurer au philosophe qui y est arrivé une grande impression de liberté. Bien, mal, mérite, démérite, honneur, déshonneur ne sont plus pour lui que des mots, des concepts auxquels la Société a attaché et attache encore une grande importance, mais qui en réalité ne sont pas mieux fondés que les antiques croyances à Dieu et à la vie future que l'humanité, l'humanité éclairée tout au moins est en train d'abandonner. On peut donc dire que, intellectuellement, notre philosophe est libre, puisque dans la perspective de penser ou d'agir, jamais plus il n'est arrêté par des considérations morales. De même le remords au sens moral du mot ne peut plus nécessairement avoir prise sur lui ; si parfois il a des regrets, c'est seulement pour des actes qui lui auront été préjudiciables ; pour lui il n'y a plus de crimes, mais seulement des fautes.

Mais après que la réflexion l'a convaincu qu'il peut faire tout ce qu'il veut et qu'il n'y a pas pour lui d'obstacles en dehors des obstacles matériels, il reste au philosophe à se demander ce qu'il va vouloir.

En prétendant qu'il fallait vouloir le plaisir et refuser la douleur, les partisans des morales édonistes ont vu simple ; l'arithmétique des plaisirs est une conception beaucoup trop grossière pour qu'elle puisse répondre à la réalité psychologique. Avec juste raison, les adversaires ont répondu qu'en cherchant constamment le plaisir à propos des moindres actes, l'homme risquerait fort de ne jamais le rencontrer.

Aussi bien n'est-ce pas dans le plaisir que la morale du struggle for life doit chercher son critérium ; à vrai dire même, ce critérium ne doit pas être cherché, puisque la constatation de la loi de la lutte pour la vie nous le donne d'elle-même : « Persévérer dans son être ou en d'autres termes, ne pas mourir. »

Pour les animaux ce critérium suffit et, consciemment ou non, ils l'appliquent de leur naissance à leur mort en dirigeant tous leurs actes de telle sorte qu'ils ne soient pas tués par les plus forts et puissent assurer leur nutrition en dévorant les plus faibles.

Certes, pour l'homme ce concept suffit déjà à orienter pour une bonne part ses actions. « Agis de telle sorte que tu puisses continuer à vivre, c'est-à-dire dirige tes actes de telle façon que tu te nourrisses, que tu n'aie pas froid et qu'enfin tous les besoins élémentaires de ton organisme soient satisfaits ; tout ce qui tendra pour toi vers ces résultats tu le considéreras comme bon ; tout ce qui les entravera sera considéré par toi comme mauvais. »

Cependant pour un homme et surtout pour un homme intelligent et instruit, il faut autre chose. L'homme « ne vit pas seulement de pain », a dit l'Ecriture, en langage plus moderne, le cerveau, comme l'estomac, a besoin de fonctionner.

A l'origine le cerveau, tout comme les sens, tendait seulement à assurer la nutrition. Considérez, par exemple, la tête d'un chien, ne semble-t-il pas que l'on soit simplement en présence de l'extrémité antérieure du canal digestif, extrémité fermée par deux valves avec, sur la valve supérieure, des appareils de perfectionnement tels que les sens et le cerveau, et qui permettent d'assurer d'une façon plus certaine l'entrée des aliments dans ce tube digestif.

Mais chez l'homme le cerveau a acquis un développement beaucoup plus considérable, à tel point qu'il est impossible de voir chez lui dans le crâne et la face simplement la valve supérieure de l'entrée du tube digestif. Aussi lorsque le cerveau a assuré la nutrition de l'homme, ses réserves d'activité ne sont pas encore épuisées et s'il ne les épuise pas, il est malheureux ; aussi dès qu'on monte un peu dans l'échelle sociale, dès que les besoins sont assurés avec peu ou pas de travail, alors l'insuffisance du fonctionnement cérébral apparaît et l'homme s'ennuie.

Affranchi de l'obligation morale, le philosophe ne devra donc pas nécessairement se restreindre à la satisfaction de ses besoins matériels, et tout en réalisant le principal objectif de sa vie, persister et ne pas mourir, il lui faudra encore rechercher l'orientation de vie la plus susceptible de lui assurer le bonheur.

Bien entendu, il ne faut envisager ce bonheur que dans ses grandes lignes. Tous les détails de l'existence ne peuvent être calculés à l'avance et bien des malheurs sont impossibles à éviter ; mais en thèse générale le philosophe peut parfaitement tracer à grands traits la conception qu'il se fait de la vie heureuse et y conformer sa conduite.

On voit qu'en somme l'analyse n'aura détruit que pour reconstruire ; si la base en est modifiée il n'y en aura pas moins pour le philosophe une morale. Toute la différence consistera en ce que, avant d'avoir réfléchi, il se contentait de la morale collective dont il subissait les obligations sans en chercher le fondement ; tandis qu'après avoir fait la critique des valeurs, la morale deviendra pour lui une chose individuelle, sa morale à lui, édifiée d'après la conception qu'il se sera faite du bonheur.

Cette conception du bonheur, il ne devra pas non plus la tirer de raisonnements abstraits ; car en faisant ainsi il ne pourrait obtenir que des généralités vagues qui bien vite se dessécheraient et arriveraient à l'état des choses mortes, sans aucune influence sur l'existence réelle. C'est dans la vie passée, dans l'observation de soi-même que l'on trouvera les éléments qui permettront d'édifier le plan de l'existence heureuse.

Durant l'enfance et la jeunesse, les états de conscience se sont accumulés dans l'esprit, et ont, en se combinant de mille manières, édifié notre personnalité ; au cours des années, les situations diverses dans lesquelles nous nous sommes trouvés nous ont procuré tantôt de la joie, tantôt de la tristesse. C'est en évoquant tout ce passé que nous pouvons trouver celles de ces situations qui nous ont procuré du bonheur, afin de pouvoir édifier notre conception de la vie heureuse et y conformer notre conduite.

Mais que serait une société composée de gens pour lesquels la morale aurait ainsi cessé d'être valeur collective, pour se restreindre au rôle de valeur individuelle. Comme je l'ai dit en commençant, c'est cette perspective des conséquences sociales qui a toujours fait reculer les moralistes, parce qu'ils s'imaginent que la ruine de la Société et l'entre-égorgement des individus seraient le résultat inévitable de l'abandon des idées d'obligation morale et de devoir.

Certes, si nous étions des hommes de la pierre taillée, cette perspective ne manquerait pas de fondement ; mais d'ailleurs, à l'époque de la pierre taillée l'entre-égorgement existait et point n'était besoin à nos ancêtres de tant philosopher pour y arriver. Au début, l'homme ne concevait pas autre chose que son intérêt individuel et immédiat ; l'idée de devoir ne s'est dégagée que peu à peu et si l'on interroge l'histoire et l'ethnographie, on voit que ce devoir n'a été le plus souvent que l'intérêt des forts et des dirigeants imposé par ceux-ci aux faibles ; parfois cependant, mais pas toujours, cet état de choses a profité au bien-être collectif.

Dans nos sociétés modernes un philosophe n'aura jamais, alors même qu'il ne croit plus à l'obligation morale, l'idée de tuer et de voler ses semblables ; par la raison qu'il tient avant tout à sa sécurité propre. Si la morale du struggle for life arme chacun contre tous ; elle arme aussi, nécessairement tous contre chacun, et lorsque notre philosophe, transformé en législateur devra travailler à l'élaboration des conventions légales ; ne pouvant prendre pour base de ces conventions son intérêt propre, il se verra forcé de les mettre en harmonie avec le bien général, puisque ce bien général implique son bien particulier.

Mais à quoi pourra servir, pensera-t-on, de faire table rase de toutes les valeurs morales, si on se conduit en pratique à peu près comme ceux qui les conservent. Tout d'abord on aura l'avantage d'avoir réalisé l'unité de l'esprit ; ensuite l'abandon des valeurs morales permettra de ne souscrire qu'à celles des conventions sociales dont la méconnaissance pourrait entraîner pour soi de graves inconvénients et de rester libre quant aux autres.

CHAPITRE III

L'IDÉE DE PATRIE

I

L'idée de patrie s'est affirmée avec force pour la première fois en France sous la grande Révolution. On s'en servit d'abord pour l'opposer à la monarchie. « Vive la nation » criait le peuple, pour affirmer sa prétention à faire prévaloir ses volontés contre celles du roi.

La monarchie abattue, la patrie fut surtout la révolution elle-même. Seuls étaient qualifiés de « patriotes » les partisans du nouveau régime, les partisans de l'ancien étant considérés au contraire comme des ennemis de la patrie. Plusieurs lettres de Saint-Just se terminent, en manière de formule d'amitié par ces mots : « rage patriotique ». Evidemment, cet amour violent que le conventionnel proclamait de la patrie avait pour objet la nation, mais surtout la nation révolutionnaire qu'il avait contribué à créer, et qu'il voulait, coûte que coûte, maintenir.

Pour la masse et même parfois un peu pour les dirigeants, le patriotisme était une religion et la patrie une manière de déesse. L'esprit humain a besoin de personnifier les idées et il finit par être toujours plus ou moins dupe de ses métaphores. Le patriotisme devenu religion eut sa morale, son cortège de devoirs : Mourir pour la patrie, c'est le sort le plus beau, chantaient les Girondins. Certes, en leur for intérieur, les hommes de cette époque, menacés de mourir pour cette patrie, soit sur un champ de bataille, soit sur un échafaud, devaient bien parfois penser que la vie était préférable à tout ; mais ils n'osaient pas l'avouer et l'atmosphère était telle que certainement beaucoup devaient avoir honte de cette pensée personnaliste. C'est que le plus profond philosophe lui-même ne fait que très rarement l'analyse élémentaire de ses propres conceptions. Toute idée importante qui nous est présentée avec force finit par être acceptée par nous, et alors même que nous l'envisageons avec scepticisme, si nous vivons dans une ambiance où elle est en honneur, nous finissons par la mettre en honneur nous-même. A force de ne pas oser, par crainte du blâme des voisins, dire et faire ce qui la contredit, nous finissons par rendre avec une presque conviction le culte que nous rendions tout d'abord par peur.

Le milieu oblige l'individu de faire ce que préconisait Pascal à ceux qui ne pouvaient croire. Abêtissez-vous, disait-il, dans les pratiques religieuses et la foi viendra. Pour mériter l'estime de notre entourage, nous nous abêtissons dans la manifestation de ses croyances, et la foi finit par venir.

Mais les époques de foi vive sont rares et durent peu ; le peuple, vite fatigué de la vie à haute tension retombe à sa torpeur ordinaire. Avec la Révolution, la foi patriotique s'éteignit. Napoléon, par ses victoires, suscita bien au début l'enthousiasme, mais la satiété vint et les plus éclatants triomphes des armées laissèrent presque indifférent. Le train-train de la vie banale reprit dans les préoccupations de chacun sa place habituelle et la patrie comme toutes les autres grandes idées fut reléguée dans la conscience obscure. Certes on restait patriote, on aimait la France comme on croyait en Dieu et au devoir, mais on aimait surtout sa famille, ses amis et on s'occupait en premier lieu de ses intérêts matériels. Certaine en 1814 de garder les biens nationaux et les avantages qu'elle tenait de la Révolution, la bourgeoisie enrichie, honorée et désireuse de jouir en paix, acclama, au mépris de tout patriotisme, les alliés qui parcouraient en vainqueurs les rues de la capitale.

Les partisans du matérialisme historique diraient que, seuls, les bourgeois de 1814 étaient dans le vrai. D'après eux, en effet, les intérêts matériels sont les facteurs uniques du déterminisme des faits historiques, et les idées sont sans influence. Ils ont en partie raison ; on peut dire que toujours une idée qui réussit a derrière elle de puissants intérêts matériels auxquels elle sert de masque ; mais aux époques de vie intense comme la période révolutionnaire, il arrive que non seulement une élite, mais la masse elle-même composée d'individus par ailleurs très médiocres oublient l'origine terrestre de l'idée et l'adorent, elle et son cortège d'obligations morales, comme si elle était tombée du ciel.

L'époque actuelle est pour les hautes classes et les classes moyennes, tout au moins, une période de calme. Les considérations matérielles dominent, et il s'est opéré une véritable dissolution morale. Toute l'idéologie sur laquelle ont vécu nos pères et même les gens de la génération antérieure, Religion, Patrie, Devoir, Vertu, Amitié, Mérite a été balayée des esprits et la vie n'a plus qu'un seul mobile : gagner de l'argent, le plus d'argent possible par tous les moyens que la loi permet ou tolère.

Mais bien que sans influence dès qu'un intérêt important est en jeu, l'idée de patrie est encore entourée à notre époque d'un respect qui, tout en n'étant que verbal, n'en a pas moins un reste de réalité. Le capitaliste qui, par crainte de l'impôt sur le revenu, place son argent à l'étranger, n'en sera pas moins choqué, si on lui dit que la patrie est chose indifférente. Parfois même il ira jusqu'à se brouiller avec la personne qui lui tiendra un pareil propos. On pourrait objecter qu'en défendant la patrie l'homme riche a la conscience obscure de défendre l'ordre social qui rend possible sa condition privilégiée, mais ce ne serait pas toujours exact. Au cours de l'affaire Dreyfus, nombre de familles de la classe bourgeoise ont été désunies parce que leurs membres différaient d'opinion sur la question de la patrie ; or, il y a souvent pour qui possède et fait partie de la classe possédante un intérêt bien plus immédiat à rester en bons termes avec ses parents, qu'à apporter, en le défendant, à l'ordre social le faible appui de son individualité.

Enfin, dans les classes pauvres, l'insuffisance de pensées fait que l'on tient encore à la patrie. Imprégné à l'école de cette idée que la France est chose respectable, l'ouvrier respecte la France. Certes, il préfère la paix à la guerre et ne risquerait pas sa vie de gaieté de cœur pour la patrie ; il n'aime pas non plus la caserne et considère un peu comme arbitraire le gouvernement qui le force d'y aller ; mais on le choque si l'on décrie devant lui la France : aussi les politiciens d'extrême-gauche, gens habiles, pris entre leur parti qui les pousse à combattre l'idée de patrie, et le peuple dont il faut avoir les voix, emploient-ils toutes sortes de circonlocutions.

La patrie conserve donc encore une certaine valeur idéologique ; examinons alors ce qu'elle vaut.

La patrie, dit-on aux enfants des écoles, surtout des écoles primaires, c'est le pays où nous sommes nés. Pour nous, Français, la patrie comprend tout le territoire limité par les frontières de France. En commun avec ses concitoyens, chaque Français a la langue, les idées, les sentiments et la patrie est chose si réelle que, enlevé à son pays, il est triste, s'ennuie, devient malade et meurt parfois, soit de nostalgie, soit volontairement, préférant alors renoncer à la vie plutôt que de la continuer dans l'exil. C'est grâce à la France, à son gouvernement, à sa civilisation que le Français trouve dans le travail le moyen d'assurer sa vie matérielle, grâce à elle qu'il peut cultiver son intelligence, jouir de la littérature, des arts, des acquisitions de la science.

En échange de tant de bienfaits, il est donc juste que le Français ait vis-à-vis de la France des devoirs. Ces devoirs existent en effet et sont les plus rigoureux entre tous. Alors que les devoirs envers les parents et les bienfaiteurs ne vont pas jusqu'au sacrifice de la vie pour leur salut, ce sacrifice devant prendre rang parmi les actes héroïques qui dépassent le devoir ; le sacrifice de la vie pour la patrie est une obligation stricte. Sur le champ de bataille quiconque, pour sauvegarder son existence, fuit devant l'ennemi, mérite la mort, et avouer qu'on tient la persistance de son individu comme plus précieuse que le salut de la patrie est une honte. Il m'arriva, étant enfant, de dire une fois à ma mère que la guerre était une horreur ; que la conservation personnelle devait primer toute autre considération et que si j'avais dû combattre, j'aurais plutôt déserté. Je vis alors son visage se contracter et elle me déclara avec une voix tremblante de colère que je méritais deux balles dans la tête. Il est fort possible que, placée dans la réalité entre la France et moi, ma mère m'eût préférée à la France ; mais il n'en est pas moins vrai que les propos qu'elle tenait témoignaient sans conteste d'un sentiment patriotique très fort. Elle aussi croyait que la patrie était plus que la vie.

Appliqué au territoire, le sentiment patriotique est une absurdité. On peut éprouver du plaisir à revoir, après de longues années, le paysage où s'est déroulé une partie de notre vie. Par l'association des idées les souvenirs surgissent à notre esprit et, si ces souvenirs sont agréables, nous avons du plaisir. Mais ce n'est pas une raison pour ressentir de l'amour pour des plaines, des montagnes ou des fleuves inertes qui ne sentent rien eux-mêmes ; de la conscience desquels, tout au moins, nous ne pouvons rien savoir. Encore est-il plus déraisonnable d'immoler à ce territoire insensible, parfaitement indifférent à son nom et à ses maîtres, les jours qui nous restent.

Il est très vrai, en second lieu, que la

communauté d'usages, la communauté de langage surtout est une source de plaisirs. On s'en aperçoit lorsqu'on voyage dans un pays dont on ne connaît pas la langue ; la communication avec les autres est à peu près impossible et la vie sociale se trouve par là réduite à rien. Mais on conviendra que ces inconvénients sont fortuits ; l'adoption d'une langue internationale y parerait pour tous et ils n'existent pas pour ceux qui connaissent la langue du pays où ils émigrent. Quant à la manière de vivre, c'est une question d'accoutumance. Faudrait-il se suicider parce qu'on est obligé, par les circonstances, d'habiter un pays où les fenêtres s'ouvrent de bas en haut au lieu de s'ouvrir latéralement ; où le bœuf bouilli se mange aux confitures au lieu de se manger au gros sel. Il est à noter, d'ailleurs, que ces menus désagréments de la transplantation sont aussi sensibles à celui qui quitte Marseille pour Paris ou vice-versa qu'à celui qui s'expatrie à Berlin ou à Londres. Les paysans bretons souffrent de nostalgie à Paris, ce qui tendrait à démontrer que, pour eux, la patrie ce n'est pas la France, mais la Bretagne ; voir le village de Bretagne où ils ont été élevés.

La nostalgie, au reste, est un sentiment inférieur. L'être de raison et armé pour la lutte doit être indéfiniment déracinable, prêt à tous les genres de vie comme à toutes les adaptations, l'habitude est avec l'instinct d'ordre plutôt animal. Certes, les intelligences et les caractères médiocres formeront toujours la majorité ; mais il n'en est pas moins vrai que les hommes n'ont qu'à gagner à s'entraîner de telle sorte, qu'ils soient toujours prêts à apprendre et à désapprendre ; ceux qui le font en sont récompensés par une vie cérébrale plus intense et plus prolongée dans son intégrité.

Aussi n'est-il nullement indiqué de s'exposer à la mort parce que notre langue, nos coutumes et notre genre de vie sont menacés de subir des modifications à la suite d'un déplacement du centre de gouvernement. Ces modifications, d'ailleurs, sont toujours superficielles et opérées progressivement ; pour conserver sa conquête le vainqueur a tout intérêt à ne pas trop brusquer les populations.

Certains ont donné à la patrie une base anthropologique. On tient à la France, ont-ils dit, parce qu'on est de race française et ils entendent par race une ressemblance anatomique conditionnant une communauté de forme psychologique. Mais la race française, comme la race italienne ou anglaise est une fiction. On trouve en Europe deux types principaux, le type kymris grand, blond, aux yeux bleus et à tête allongée et le type celte petit, brun, aux yeux noirs et à tête ronde. En Allemagne et en Angleterre, c'est le type kymris qui domine, le type celte domine en Italie et en Espagne. Mais les Irlandais sont des Celtes, des Celtes aussi sont les Allemands du sud ; enfin en France on trouve des kymris dans l'Est, et des Celtes dans le Midi, et les patriotes seraient bien embarrassés si, au nom de la race, l'Italie et l'Espagne demandaient à reculer leurs frontières à la Loire et si l'Allemagne réclamait ce qui nous reste de la Lorraine et la Champagne. La Belgique de plus pourrait-elle aussi revendiquer tous nos départements du Nord-Est.

Quant à la communauté psychologique résultant de l'analogie anatomique, elle n'a jamais été affermée que par des anthropologistes plus tendancieux que scientifiques. Nous n'avons nulle part observé que les petits bruns s'entendissent mieux entre eux qu'avec les grands blonds ; et comment accueillir autrement que par le rire le savant qui viendrait nous proposer de nous exterminer au nom de l'indice céphalique.

II

Pour trouver une notion exacte de la patrie, il ne faut donc la chercher ni dans le territoire, ni dans les coutumes, ni dans la race, mais dans un lien conventionnel unissant les individus ; la patrie est une association.

L'idée d'association donne une raison au patriotisme. Liée d'intérêt avec tous les Français, j'ai avantage à ce que l'association de la France dont je fais partie soit riche et puissante. Plus la France est étendue en territoire, plus il rentre d'argent au trésor public, plus sont nombreux les postes de fonctionnaires et les débouchés industriels et commerciaux, et par suite plus de chance à l'individu de bénéficier de la prospérité générale. La France, au contraire, étant menacée dans son existence, le Français a tout lieu de craindre le contre-coup de la détresse de la Société dont il fait partie. Son intérêt lui commande donc de travailler au bien collectif, et si dans le sacrifice de sa vie la somme des désavantages est infiniment disproportionnée, dans un moment d'entraînement, poussé par son ardeur à défendre sa nation contre les nations rivales, il n'est pas trop illogique en se laissant incorporer dans une armée d'autant plus que, le danger connu n'étant pas certain, il espère toujours y échapper.

Mais jusqu'ici nous n'avons fait que considérer en bloc l'association des Français. Envisageons-la maintenant dans sa subdivision en classes et voyons si les individus appartenant aux classes pauvres ont intérêt à se dévouer pour elle.

Quiconque est bien organisé aime à servir qui le sert. Lorsque nous faisons partie d'une association où règne la justice, où nous respirons une atmosphère de bienveillance et de dévouement à l'intérêt général, nous nous sentons poussés à lui rendre par notre énergie, à travailler à son succès le bien qu'elle nous fait. Sommes-nous au contraire entrés dans une association mal organisée, où nous voyons le mérite méconnu, l'effort payé d'ingratitude, les avantages accaparés par une coterie, nous perdons tout intérêt à sa prospérité, nous lui donnons le moins possible de nous-mêmes et si nous pouvons nous en retirer tout à fait nous n'y manquons pas.

A laquelle de ces deux catégories d'association la France peut-elle être assimilée ? A la seconde évidemment.

Tout comme la monarchie ancienne, la République est un régime de castes. Une minorité de quelques milliers de familles y détient le pouvoir, se taille sous prétexte de fonctions élevées, de gros revenus, et la grande majorité des individus est condamnée soit à la médiocrité, soit à la misère complète.

Dès l'enfance, la différence des castes se marque par les deux ordres d'enseignement ; secondaire pour les enfants de la bourgeoisie, primaire pour les enfants du peuple.

Les hommes qui gouvernent répètent souvent dans leur discours que le prolétariat doit être reconnaissant à la République parce qu'elle lui a donné l'instruction primaire ; mais cette instruction est une duperie. D'abord, comment ne pas mépriser l'hypocrisie d'un régime qui se réclame de l'égalité et qui refuse aux enfants pauvres le droit de s'asseoir sur les mêmes bancs scolaires que les enfants riches ? Mais il n'y a pas seulement dans les deux ordres d'enseignement une question de séparation de local ; l'enseignement secondaire est l'apprentissage de la direction et l'enseignement primaire le dressage à la servitude.

On objectera qu'au moyen des bourses l'enfant pauvre qui est intelligent peut bénéficier de l'enseignement des riches ; mais, outre qu'en réalité ces bourses récompensent bien plutôt le zèle électoral des pères que le travail des écoliers, l'élève boursier n'a devant lui qu'un avenir médiocre. La bourgeoisie accaparant toutes les situations lucratives, les efforts de l'enfant pauvre n'aboutiront qu'à le faire passer du prolétariat manuel dans un prolétariat intellectuel guère plus enviable.

La condition de l'ouvrier peut sans grande exagération être assimilée à l'esclavage. Le prolétaire de la république n'est pas, il est vrai, battu par ses maîtres comme l'était le serf de la féodalité ; mais il doit pour manger vendre au patron la totalité de son temps. Alors que le bourgeois est libre à toute heure de travailler ou de ne rien faire, de se promener, de visiter ses amis, de voyager ou de rester chez lui, l'ouvrier doit chaque matin, qu'il soit disposé ou non, partir pour l'atelier et y travailler jusqu'au soir. Les bienfaits de la civilisation, les conquêtes de la science, les progrès des arts ne profitent qu'à la bourgeoisie. La plupart des ouvriers parisiens ne s'éloignent jamais de Paris ; leurs notions de la France se bornent aux environs de cette ville et ils ne connaissent que par ouï dire la mer et la montagne. Non initiés aux choses de l'art, les musées ne leur servent à rien et d'ailleurs eussent-ils reçu à l'école des notions artistiques, que le travail exténuant, la fréquentation exclusive de gens frustes comme eux-mêmes les rendrait encore incapables de toute émotion esthétique. Le téléphone, le télégraphe ne servent à la classe ouvrière qu'aux grandes occasions de la vie ; les livres nouveaux, les revues lui sont inaccessibles ; l'ouvrier voit la politique, la littérature, la philosophie et la science à travers le journal d'un sou qu'il achète tous les matins ; sa femme, ses enfants, quelques voisins, de rares camarades sont pour lui le monde.

Imaginons donc un ouvrier conscient de sa situation, qui envisagerait la patrie comme une association, comment ne la dénoncerait-il pas à l'égal d'une société d'injustice, qui ne mérite pas d'être défendue.

L'homme des hautes classes a intérêt à la prospérité de son pays, et sa décadence, au contraire, peut lui causer de grands dommages. Si la France était annexée par une autre puissance, le gouvernement, les hautes fonctions, la direction de la grande industrie du pays passeraient aux originaires de la nation victorieuse ; les capitalistes français évidemment garderaient leurs fortunes, mais le retrait de la faveur gouvernementale les empêcherait de la faire fructifier dans les mêmes proportions.

Le fait s'est produit pour la Pologne ; la noblesse polonaise est ruinée aujourd'hui et elle sait tellement bien que sa misère lui vient des malheurs de la patrie, qu'elle est encore aujourd'hui ardemment patriote, alors que les jeunes générations des petites gens d'Alsace ont déjà, après quarante ans d'annexion, oublié la France ; les nobles Polonais après un siècle et demi, songent encore à la patrie perdue et organisent toutes sortes de groupements secrets pour la reconquérir.

Les Français des classes pauvres n'auraient rien à perdre à ce que la France soit comme la Pologne, rayée du nombre des nations. L'ouvrier gagnerait autant et ne peinerait pas davantage sous le régime de Guillaume que sous celui de Fallières ; peut-être les instituteurs et les commis d'administration seraient-ils obligés de se faire employés de magasin ; mais la perspective d'un changement aussi léger dans leur situation ne vaut vraiment pas le risque de leur existence dans une guerre.

III

C'est à l'école primaire surtout que le patriotisme est enseigné, au lycée on considère qu'un tel enseignement serait entaché de vulgarité et on y insiste beaucoup moins.

Pour arracher le pouvoir aux catholiques qui le détenaient, les républicains anti-religieux, voulant les dépopulariser, les ont accusés d'être des fauteurs d'obscurantisme. C'était justice; de tout temps l'église, s'appuyant sur les puissants, a pris parti pour eux contre les faibles et a tenu à les maintenir dans l'ignorance pour qu'ils soient soumis et résignés.

Le haut clergé, pour qui la religion n'est qu'un moyen de lucre et de domination, l'a ravalée au niveau d'un frein social.

Il ne s'en cache pas d'ailleurs et, dans leurs sermons aux classes dirigeantes, les prêtres des riches paroisses proclament que la croyance en une vie future de justice est nécessaire aux déshérités de ce monde pour les empêcher de rétablir la justice aux dépens des riches.

Mais à cet égard comme aux autres, la république laïque ne vaut pas mieux que la domination cléricale. Les étoiles éteintes, elle leur a substitué le drapeau tricolore comme miroir aux alouettes prolétariennes. Afin que les pauvres oublient leurs ennemis véritables, c'est-à-dire les riches, elle leur a montré le pays à défendre et les autres nations à combattre.

Tous les ouvriers de la génération précédente croyaient avec autant de conviction que de naïveté que les Français étaient les premiers hommes du monde et que les gens des autres pays leur étaient très inférieurs. Contre l'Allemand ils avaient une haine tellement violente que certains allaient jusqu'à déménager lorsqu'un Allemand venait louer dans leur maison ; l'Italien, ils le considéraient comme une manière de bandit toujours prêt à frapper les gens du couteau ; le Belge était un imbécile servile et lâche, qui venait en France pour travailler à meilleur marché et faire baisser les salaires ; l'Anglais, un personnage ridicule, goinfre, ivrogne, égoïste, habillé sans aucun goût ; le Russe, un sauvage jusqu'à la trop fameuse alliance.

En somme, pour lui, le monde était composé de la France avec, autour d'elle quelques façons de pays.

Je sais bien que l'intelligence du plus grand nombre ne peut se hausser jusqu'à des conceptions qui ne seront toujours que l'apanage d'une élite ; mais les classes dirigeantes sont pour la forte part responsables de cette indigence intellectuelle des masses. Comme le clergé, la république laïque a voulu maintenir avant tout le privilège des riches et pour se faire elle a organisé avec l'école primaire l'abêtissement des pauvres.

Depuis l'affaire Dreyfus, l'enseignement primaire s'est grandement modifié sous le rapport du patriotisme. Les juifs millionnaires ont fait de l'affaire de cet officier l'affaire de leur race, et pour s'opposer aux cléricaux antisémites qui se proclamaient patriotes, il leur a fallu toucher au dogme de la patrie. La bourgeoisie anticléricale, menacée elle aussi, a dû passer au dreyfusisme et il lui a fallu effacer de ses discours la patrie et le drapeau. Toute la jeunesse intellectuelle, profondément remuée en cette période d'agitation intense et de remise en question des premiers principes, sans être antipatriote cessait de concevoir la patrie comme on l'avait conçue jusqu'alors ; la discipline rigide de l'armée lui apparaissait comme de la barbarie et elle voyait en la guerre une aberration. Le gouvernement dreyfusard pour se maintenir fit la leçon aux instituteurs ; il leur ordonna, tout en enseignant le patriotisme, de cesser de le présenter sous une forme agressive.

Après le triomphe, il aurait certes voulu revenu à l'état antérieur, on avait convié le peuple à la bataille pour la justice, mais après la victoire on ne voulait rien moins que l'y faire participer, pensant qu'il n'y avait d'injustice que lorsqu'il était menacé et que lorsqu'au contraire il dominait, c'était la justice. Mais il était trop tard, la mentalité des éducateurs du peuple s'était transformée et la foi patriotique n'y pouvait plus renaître ; on avait dû au cours de la bataille sourire au socialisme, à l'anarchie, et les instituteurs étaient devenus socialistes-anarchistes. Beaucoup le sont restés, les idées syndicalistes de défense professionnelle et de subversion sociale font de grands progrès parmi eux, et si rien ne vient changer le cours des choses ils auront préparé pour la révolte les générations de demain.

De même que le clergé qui enseigne la religion n'est pas religieux, la bourgeoisie n'est que très peu patriote. Elle a tout fait jusqu'à ces temps derniers pour soustraire ses fils à l'obligation militaire ; les divers baccalauréats auxquels les pauvres ne pouvaient pas accéder n'ont guère eu d'autre but. Le bourgeoisant Taine s'indigne de ce que les jeunes gens des classes dirigeantes soient requis de servir militairement; la dureté de la vie du soldat est, dit-il, une souffrance pour le jeune homme riche, alors que pour le pauvre elle est au contraire un bien-être, habitué qu'il est à une existence plus dure encore. Les dirigeants n'enseignent-ils pas cependant qu'il est beau de souffrir pour son pays ; mais ils entendent évidemment que ce n'est beau que pour les pauvres; les riches n'ayant que faire d'un sublime d'aussi vulgaire aloi.

Parle-t-on d'établir un impôt sur le revenu, bien anodin cependant; vite les riches menacent de placer leurs capitaux à l'étranger. Qu'importe l'infériorisation économique de la France, en face d'une diminution éventuelle de leur superflu.

Enfin la nostalgie que les poètes ont chantée n'atteint que le populaire et les riches ont su s'en affranchir. Beaucoup de familles riches aujourd'hui sont nomades. Volontiers elles passent six mois dans un pays, trois mois dans un autre et mènent la vie d'hôtel. Les grandes maisons bien montées qui faisaient l'orgueil des bourgeois d'autrefois s'en vont des mœurs. Alors qu'il était bien reçu de tenir

IV

La foi religieuse et la foi patriotique étant mortes, faudra-t-il en chercher une autre ?

La bourgeoisie actuelle n'a aucune foi et sa morale, c'est l'individualisme. Avoir le plus d'argent possible pour très bien manger, être très bien habillé, très bien entouré, voyager confortablement et souvent ; ne donner à l'amitié que juste assez pour jouir sans souffrir ; tels sont les principes directeurs de sa conduite.

Pour des esprits supérieurs, une telle morale est entachée d'erreur, car elle ne saurait suffire au bonheur. Pour être heureux en effet, ils ont besoin de travailler à quelque chose de plus grand qu'eux et sans idéal ils ne rencontreraient que l'ennui, même au sein de la plus extrême richesse. Mais l'expérience nous montre que la très grande majorité des humains se passe fort bien d'idéal ; le souci de l'existence à assurer pour lui et les siens suffit à remplir l'esprit de l'homme du peuple, et s'il a quelques besoins intellectuels, la lecture de son journal et de quelques romans y satisfont. Avec la carrière, le cérémonial des relations, les visites à rendre, les réceptions, suf-

IV

La foi religieuse et la foi patriotique étant mortes, faudra-t-il en chercher une autre ?

La bourgeoisie actuelle n'a aucune foi et sa morale, c'est l'individualisme. Avoir le plus d'argent possible pour très bien manger, être très bien habillé, très bien entouré, voyager confortablement et souvent ; ne donner à l'amitié que juste assez pour jouir sans souffrir ; tels sont les principes directeurs de sa conduite.

Pour des esprits supérieurs, une telle morale est entachée d'erreur, car elle ne saurait suffire au bonheur. Pour être heureux en effet, ils ont besoin de travailler à quelque chose de plus grand qu'eux et sans idéal ils ne rencontreraient que l'ennui, même au sein de la plus extrême richesse. Mais l'expérience nous montre que la très grande majorité des humains se passe fort bien d'idéal ; le souci de l'existence à assurer pour lui et les siens suffit à remplir l'esprit de l'homme du peuple, et s'il a quelques besoins intellectuels, la lecture de son journal et de quelques romans y satisfont. Avec la carrière, le cérémonial des relations, les visites à rendre, les réceptions, suffisent aux riches. Parfois les femmes de cette classe qui, elles, n'ont pas de profession s'ennuient bien un peu, mais en somme le bien-être matériel dont elles jouissent suffit à leur rendre la vie acceptable.

Mais si la morale individualiste suffit en somme à l'individu, elle est mortelle aux collectivités qui, pour se maintenir et progresser, ont besoin du désintéressement individuel de leurs membres. La collectivité bourgeoise qui jouit depuis longtemps du pouvoir peut encore se maintenir grâce à la situation acquise, malgré l'individualisme ; mais une telle morale serait fatale à la classe ouvrière ; jamais en la faisant sienne elle ne pourrait parvenir à sortir de la servitude où la bourgeoisie la maintient.

Jusqu'à ces derniers temps beaucoup d'ouvriers intelligents étaient acquis à l'Anarchie qui, beaucoup plus qu'un parti, est une philosophie individualiste. Ils semblaient fiers de pouvoir proclamer que tout dévouement était lettre morte pour eux et qu'ils entendaient ne songer qu'à jouir. Mais si l'individualiste riche peut inspirer de la crainte on ne peut que sourire de pitié aux discours du pauvre qui véhémentement déclare qu'il ne donnera rien aux autres alors que l'on sait fort bien que, le voulût-il, il n'a rien à donner. Comme les autres l'ouvrier individualiste est contraint de travailler du matin au soir pour un maigre salaire, en renonçant au mariage et à la famille, il arrive à être un peu moins malheureux, mais pas beaucoup.

Certains anarchistes se tirent de la difficulté en préconisant et en pratiquant le vol. Je ne les en blâme pas, certes ; car le respect de propriété étant comme le dévouement à la patrie d'intérêt social on ne saurait y être obligé dans une société d'injustice où on est spolié. Mais dans un pays de civilisation avancée comme le nôtre, il n'y a guère avantage à se faire voleur. La propriété du riche est trop bien défendue ; aussi le sort du voleur n'est-il guère plus enviable que celui de l'ouvrier honnête. Il travaille moins et vit un peu mieux, il est vrai, mais toujours pris une fois ou l'autre il doit passer en prison la moitié de sa vie si non plus.

L'individualisme anarchiste a été en outre néfaste à la classe ouvrière. Il a tué dans l'œuf tout effort de groupement pour l'action en commun. La destruction qu'il fomentait avec raison des préceptes qui sont les soutiens de la grande société, il la poursuivait jusque dans les agrégats de ses adeptes qu'il détruisait aussi. Tout ce qui sert à retenir les individus si peu aptes cependant à être retenus était banni ; pas d'inscriptions, pas d'engagements, pas de cotisations, pas d'obligations d'aucune sorte. Hervé ayant proclamé que le drapeau de la France devait être mis dans le fumier, un socialiste anarchisant s'avisa un jour de traîner dans le fumier le drapeau rouge de son propre parti ; parce que c'était là, disait-il, un chiffon comme l'autre et qu'il n'y avait que sottise à le respecter. On lui expliqua que s'il était bien de faire bon marché de l'emblème de la France bourgeoise, le symbole de la société qu'on voulait instaurer devait être au contraire entouré d'égards ; il ne comprit pas et resta convaincu que son parti n'était pas encore parvenu au degré d'affranchissement que lui-même avait su atteindre.

Certains anarchistes ont cependant réussi à faire une œuvre positive ; la Confédération du Travail ; mais ils n'y sont parvenu que par l'abandon de leur individualisme.

Plus que la conservation des biens, l'individualisme anarchiste a préconisé bien entendu la conservation de l'existence, tenue comme devant primer tout intérêt si général fût-il. Dans cette voie d'ailleurs il n'a pas été le seul à marcher et tous les socialistes, les pacifistes les plus modérés eux-mêmes, se sont joints à lui.

La patrie et la guerre étant brutalité et violence, force était bien pour les combattre de parler de bonté et de douceur. Les pleurs des mères au départ de leurs fils pour la guerre que jadis on taxait de faiblesse méprisable, furent réhabilités. C'était, disait-on, les mères qui avaient raison, elles faisaient de la vie alors que les patriotes ne savaient que faire de la mort. Chez la jeunesse intellectuelle, le courage physique fut méprisé, comme vulgaire, et on aimait à passer pour très sensible à la douleur.

Pour les bourgeois qui, depuis longtemps sont établis dans leur victoire de telles doctrines restaient sans conséquence ; mais on comprend combien elles étaient néfastes à une classe qui en est encore, au contraire à engager le combat.

Comment proposer de risquer sa vie dans une émeute à un prolétariat auquel on a répété pendant des années que la conservation de son petit doigt valait mieux qu'une victoire.

Heureusement, le prolétariat a peu de mémoire pour tout ce qui ne touche que la superficie de son cerveau. Devant les nécessités de la lutte chaque jour plus intense à soutenir, la Confédération générale du Travail dut en revenir à glorifier la mort et la souffrance subies dans l'intérêt de la cause. « J'ai fait mon devoir à Draveil », se flattent maintenant les révolutionnaires. Les socialistes de gouvernement reprochent à la Confédération d'avoir instauré le néo-militarisme ; elle n'a pas à s'en affecter, car ce n'est pas le militarisme qui est mauvais ; c'est la patrie bourgeoise qui ne vaut rien.

A l'individualisme bourgeois, le prolétariat doit donc opposer l'associationisme et la patrie, société d'iniquité ne devant plus orienter les dévouements, il faut leur susciter un nouvel objet ; la classe ; tout prolétaire est notre ami, tout bourgeois est notre ennemi et envers l'un et l'autre nous nous conduisons en conséquence telle doit-être l'idée directrice de la patrie nouvelle.

Comme la religion, comme la patrie, la classe doit avoir sa morale ; autrement il lui serait impossible de se maintenir comme organe de lutte contre les forces antagonistes.

Cette morale est nécessairement dans ses grandes lignes la même que la morale religieuse et patriote, car indépendante des doctrines la morale est comme le règlement intérieur d'une association qui est identique quelle que soit la nature de cette association, et son principal objet est la subordination de l'intérêt individuel à l'intérêt collectif.

Au point de vue de l'individu, ce sacrifice, surtout s'il est complet, est une absurdité. Aussi est-ce en vain que les philosophes ont cherché une base à l'obligation morale, la seule morale solide, inattaquable, c'est celle qui proclame la primauté pour l'individu de son intérêt personnel. Rien en dehors des contraintes extérieures ne peut empêcher chacun de faire son bonheur, fût-il le malheur des autres. Les anarchistes, pour entraîner les convictions sur la possibilité d'une société sans autorité, insistent volontiers sur la réalité des sentiments de sympathie qui nous font souffrir du malheur de nos semblables ; mais bonne à berner un temps les masses par de beaux discours, cette exagération de la valeur des sentiments altruistes est contraire à la réalité. Dans la pratique d'ailleurs, les protagonistes de l'altruisme se conduisent comme le commun des hommes, c'est-à-dire en égoïstes. La pitié, la sympathie sont certainement des réalités, mais leur pouvoir est bien faible en comparaison de l'intérêt.

La base de la morale doit donc être cherchée hors de l'individu, dans la collectivité ; car si la meilleure doctrine, celle qui assure le mieux la persistance et le bonheur est pour l'individu l'égoïsme, une société, au contraire, ne peut se constituer et durer là où ses membres n'ont d'autre guide que leur intérêt personnel.

Dans l'état actuel les pauvres ont tout intérêt à constituer la *classe* et à donner à cette classe sa morale. D'abord en sacrifiant leurs avantages particuliers ils abandonnent peu de chose ; et la force qu'ils créèrent par l'association sera seule capable d'améliorer sensiblement leur situation.

Il faut donc instituer un patriotisme de classe, honorer le dévouement, décrier l'égoïsme, louer le courage moral et physique, blâmer la peur, la lâcheté sous toutes ses formes ; contraindre par tous les moyens, la violence au besoin, les individus à servir la collectivité.

C'est d'ailleurs le mouvement qui, actuellement s'ébauche dans la classe ouvrière ; le devoir syndical imposé même par les voies de fait en est un exemple ; un autre exemple également est donné par l'abandon des principes démocratiques très en honneur jusqu'ici dans les sociétés ouvrières et l'acceptation de l'autorité, même de la dictature, lorsqu'elle est nécessaire à l'unité et à la rapidité de l'action.

Jusques et encore à présent on peut dire que l'individualisme a enlevé aux organisations ouvrières presque toute leur puissance. L'arrivisme politique y florissait et l'homme sans idées qui savait refléter pour s'en servir les idées de la majorité, triomphait de l'homme sincère et courageux qui ne craignait pas de contredire l'ensemble pour faire valoir les conceptions qu'il croyaient vraies. Le ministre et le député traîtres à leur passé étaient comblés d'honneurs ; l'homme sincère qui s'était selon l'expression en usage, « cassé les reins » était méprisé.

Ces erreurs morales ont donné le résultat qu'il fallait en attendre en tout un siècle d'organisations et de tentatives d'organisations ; les classes pauvres n'ont obtenu que des changements d'étiquette, leur servitude a persisté.

Le libertarisme qui est de l'individualisme idéologique a été tout aussi néfaste. La haine des supériorités, l'exaltation de la personnalité de chacun jusqu'à lui rendre insupportable toute contrainte a fait des hypocrites sachant, en dissimulant leur valeur intellectuelle, flatter les masses pour s'en servir et d'autre part a rendu précaire la vie des groupes, dont l'activité tant qu'ils existaient était dévorée par la lutte des individus les uns contre les autres.

Certes, l'égoïsme humain persistera toujours et ce serait une utopie d'espérer l'empêcher. Mais en transposant dans la classe les principes altruistes grâce auxquels la patrie, la patrie de la révolution surtout a pu se constituer et vaincre, on le diminuera dans des proportions assez fortes pour faire que la classe elle aussi soit victorieuse de la classe ennemie.

Mais en même temps qu'elle lui *demande*, la classe doit *donner* à l'individu. Le « tous pour un » ne doit pas être comme « l'égalité » républicaine une étiquette menteuse ; autrement les individus sont vite démoralisés et abandonnent leur devoir de classe pour retourner à l'individualisme. Certes, il en est un peu du prolétariat comme d'une armée en campagne où il est difficile de secourir tous les blessés ; mais on doit y tendre, tout au moins l'atmosphère solidariste doit être telle que l'individu sente bien que la collectivité ne l'aide pas davantage, c'est qu'elle ne le peut pas.

Comment se comporterait à l'égard du territoire le prolétariat triomphant ; il serait patriote évidemment. La France socialiste attaquée par les nations capitalistes s'armerait et se défendrait. Alors l'intérêt de chacun serait de défendre la patrie de justice et d'équité contre les associations de privilèges Les prolétaires retrouveraient l'énergie du peuple de 1793, car comme eux ils comprendraient que la patrie à défendre ce serait la révolution elle-même.

Dr Madeleine Pelletier

TABLE DES MATIÈRES

Chapitre I. — L'Hypothèse Dieu. 1
Chapitre II. — La morale et la lutte pour l'existence 26
Chapitre III. — L'Idée de patrie. 57

Imp. de la librairie Giard et Brière, 16, rue Soufflot, Paris

www.ingramcontent.com/pod-product-compliance
Lightning Source LLC
LaVergne TN
LVHW050559090426
835512LV00008B/1238